Impressum
Verlag: BABADADA GmbH, Nedderfeld 112 , 22529 Hamburg
Geschäftsführer / Verlagsleitung: Harald Hof
Druck: Books on Demand GmbH, In de Tarpen 42, 22848 Norderstedt

Imprint
Publisher: BABADADA GmbH, Nedderfeld 112 , 22529 Hamburg, Germany
Managing Director / Publishing direction: Harald Hof
Print: Books on Demand GmbH, In de Tarpen 42, 22848 Norderstedt, Germany

училище

skola

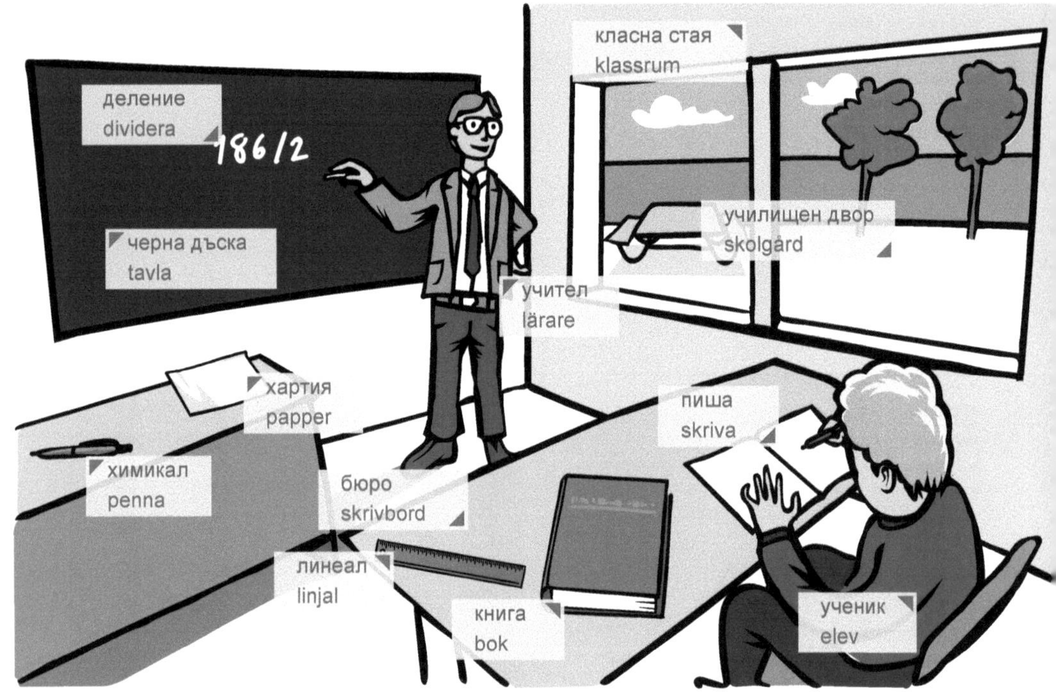
класна стая
klassrum
деление
dividera
186/2
черна дъска
tavla
училищен двор
skolgård
учител
lärare
хартия
papper
пиша
skriva
химикал
penna
бюро
skrivbord
линеал
linjal
книга
bok
ученик
elev

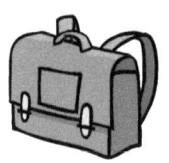

ученическа раница

skolväska

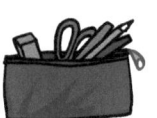

ученически несесер

pennfodral

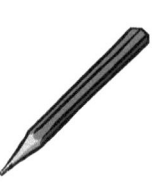

молив

blyertspenna

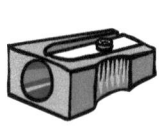

острилка за моливи

pennvässare

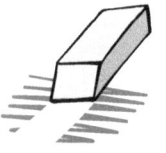

гума

suddgummi

блок за рисуване

ritblock

рисунка

teckning

четка

pensel

акварелни бои

målarlåda

ножица

sax

лепило

lim

тетрадка за упражнения

övningsbok

домашна работа

hemläxa

число

tal

събиране

addera

изваждане

subtrahera

умножение

multiplicera

смятане

räkna

буква

bokstav

азбука

alfabet

дума

ord

текст

text

чета

läsa

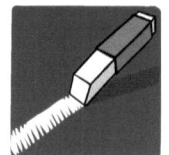

тебешир

krita

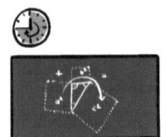

час

lektion

дневник на класа

register

изпит

prov

свидетелство

intyg

ученическа униформа

skoluniform

образование

utbildning

справочник

uppslagsverk

университет

universitet

микроскоп

mikroskop

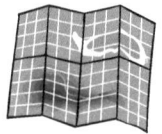

карта

karta

кошче за хартиени
отпадъци

papperskorg

пътуване
resa

хотел
hotell
Grand
хостел
vandrarhem
ROOMS
обменно бюро
växelkontor
EXCHANGE
куфар
resväska
кола
bil

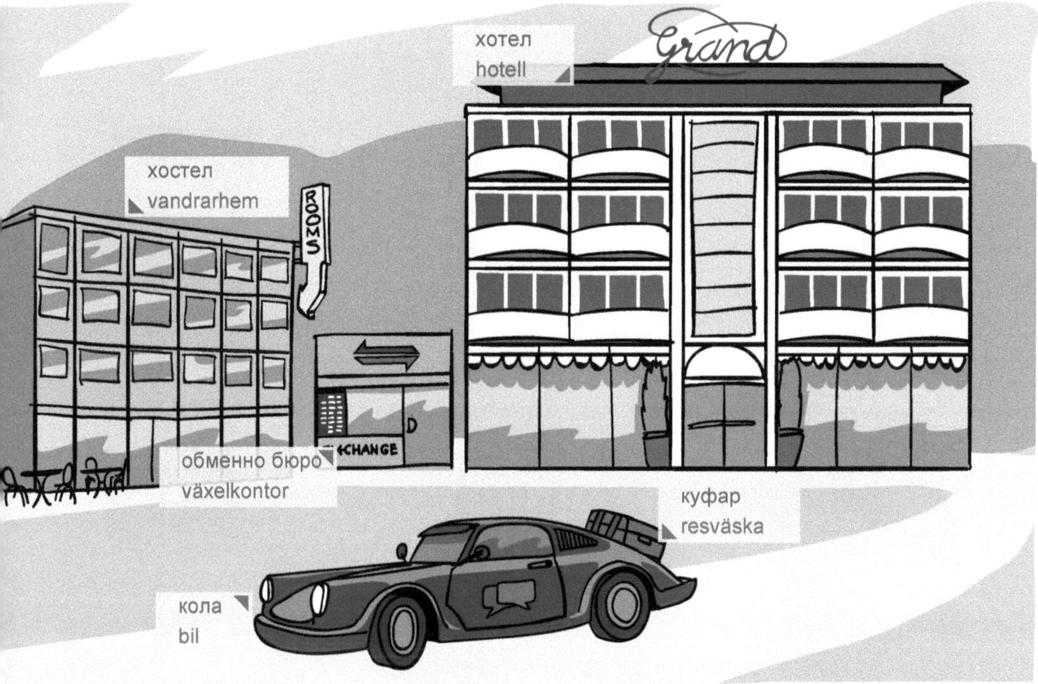

език
språk

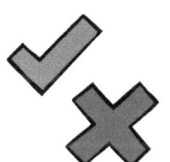

да / не
ja / nej

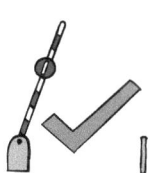

Окей
Okay

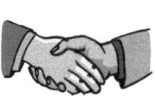

здравей
hej

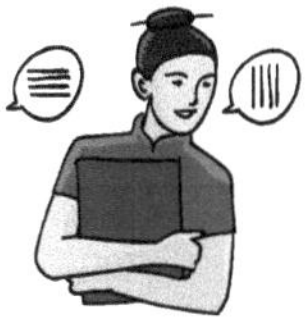

преводач
översättare

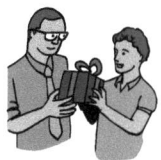

Благодаря
Tack

Колко струва...?

hur mycket kostar...?

Не разбирам

jag förstår inte

проблем

problem

Добър вечер!

God kväll!

Добро утро!

God morgon!

Лека нощ!

God natt!

довиждане

hejdå

посока

riktning

багаж

bagage

пътна чанта

väska

раница

ryggsäck

посетител

gäst

стая

rum

спален чувал

sovsäck

палатка

tält

туристическа информация

turistinformation

плаж

strand

кредитна карта

kreditkort

закуска

frukost

обед

lunch

вечеря

middag

билет

biljett

асансьор

hiss

пощенска марка

frimärke

граница

gräns

митница

tull

посолство

ambassad

виза

visum

паспорт

pass

транспорт
transport

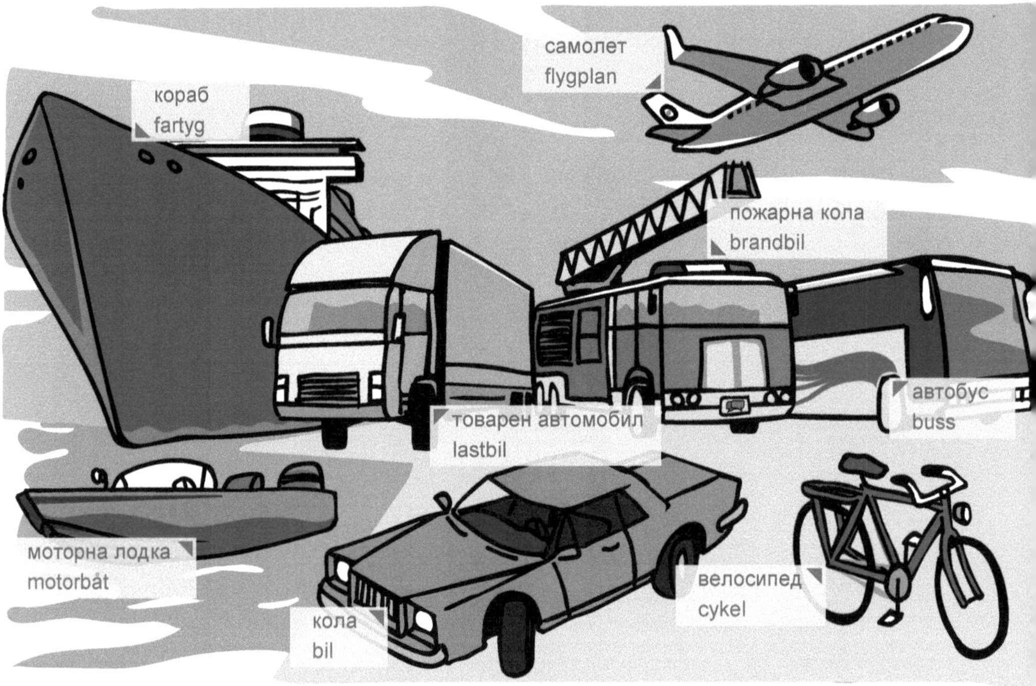

самолет
flygplan
кораб
fartyg
пожарна кола
brandbil
автобус
buss
товарен автомобил
lastbil
моторна лодка
motorbåt
велосипед
cykel
кола
bil

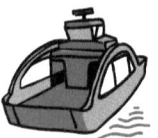

ферибот

färja

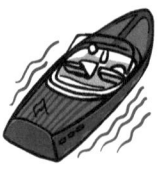

лодка

båt

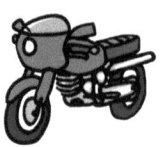

мотоциклет

motorcykel

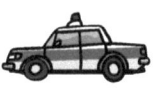

полицейска кола

polisbil

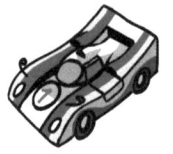

състезателна кола

racerbil

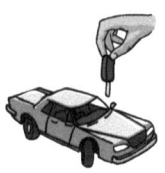

кола под наем

hyrbil

каршеринг

bilpool

автомобил от "Пътна помощ"

bärgningsbil

сметовоз

sopbil

двигател

motor

бензин

bränsle

бензиностанция

bensinstation

пътен знак

vägmärke

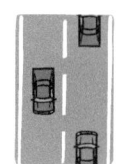

улично движение

trafik

задръстване

bilkö

паркинг

parkeringsplats

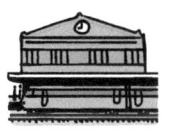

гара

tågstation

релси

räls

влак

tåg

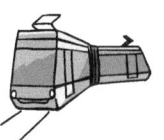

трамвай

spårvagn

вагон

vagn

хеликоптер

helikopter

аерогара

flygplats

кула

torn

пасажер

passagerare

контейнер

container

кашон

kartong

ръчна количка

vagn

кошница

korg

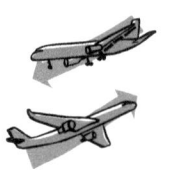

излитам / приземявам се

starta / landa

град

stad

село

by

градски център

centrum

къща

hus

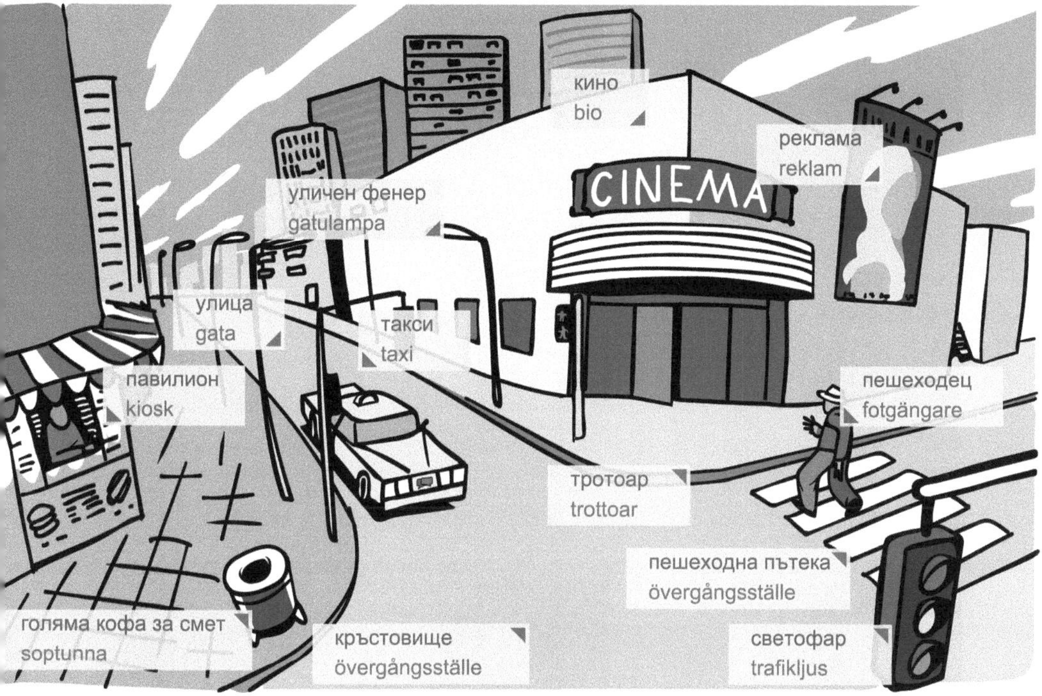

кино
bio

реклама
reklam

уличен фенер
gatulampa

CINEMA

улица
gata

такси
taxi

павилион
kiosk

пешеходец
fotgängare

тротоар
trottoar

пешеходна пътека
övergångsställe

голяма кофа за смет
soptunna

кръстовище
övergångsställe

светофар
trafikljus

хижа
stuga

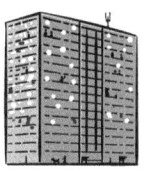

жилище
lägenhet

гара
tågstation

кметство
stadshus

музей
museum

училище
skola

университет

universitet

банка

bank

болница

sjukhus

хотел

hotell

аптека

apotek

офис

kontor

книжарница

bokhandel

магазин за цветя

affär

магазин за цветя

blomsterbutik

супермаркет

stormarknad

пазар

marknad

универсален магазин

varuhus

търговец на риба

fiskhandlare

търговски център

köpcentrum

пристанище

hamn

парк
park

пейка
bänk

мост
brygga

стълба
trappa

метро
tunnelbana

тунел
tunnel

автобусна спирка
busshållplats

бар
bar

ресторант
restaurang

пощенска кутия
brevlåda

улична табелка
gatuskylt

часовник за паркинг престой
parkeringsautomat

зоологическа градина
zoo

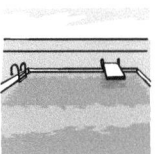

плувен басейн
simbassäng

джамия
moské

селски двор

bondgård

замърсяване на околната среда

förorening

гробище

kyrkogård

църква

kyrka

детска площадка

lekplats

храм

tempel

пейзаж

landskap

листо
löv

пътепоказател
vägskylt

път
väg

ливада
äng

камък
sten

дърво
träd

пътешественик
liftare

река
flod

трева
gräs

цвете
blomma

долина
dal

планина
kulle

море
sjö

гора
skog

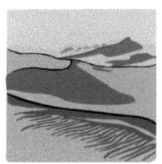

пустиня
öken

вулкан
vulkan

замък
slott

дъга
regnbåge

гъба
svamp

палма
palm

комар
mygga

муха
fluga

мравка
myra

пчела
bi

паяк
spindel

бръмбар

skalbagge

жаба

groda

катеричка

ekorre

таралеж

igelkott

заек

hare

кукумявка

uggla

птица

fågel

лебед

svan

диво прасе

vildsvin

елен

rådjur

лос

älg

бент

damm

вятърна турбина

vindkraftverk

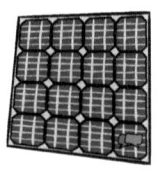

соларен модул

solcellspanel

климат

klimat

ресторант
restaurang

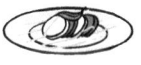

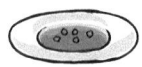

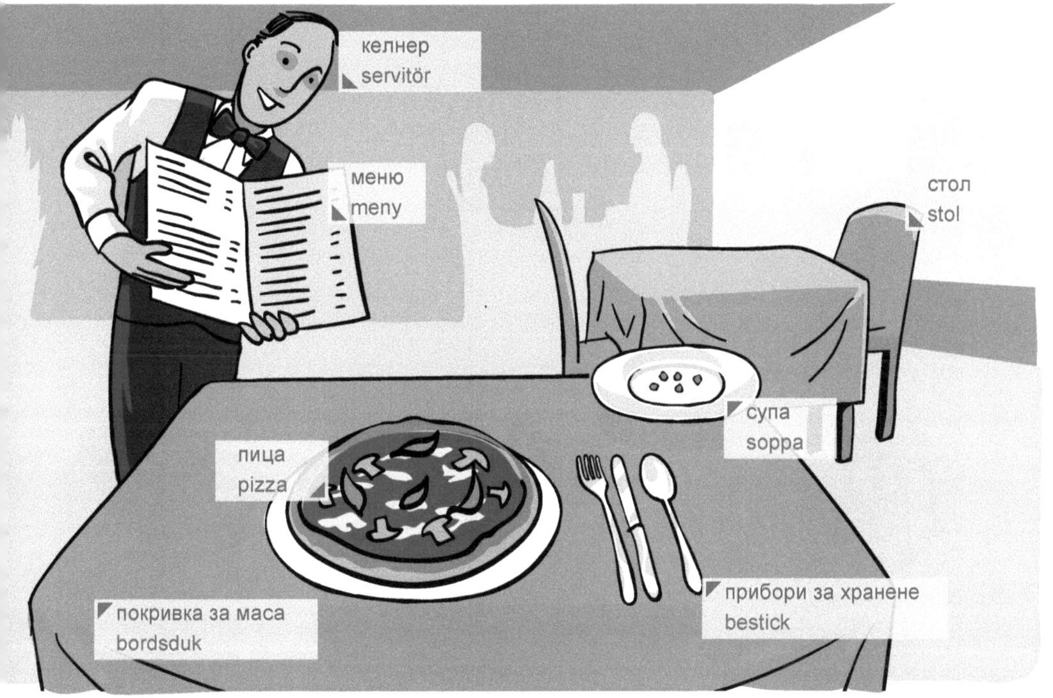

келнер
servitör
меню
meny
стол
stol
супа
soppa
пица
pizza
прибори за хранене
bestick
покривка за маса
bordsduk

предястие

förrätt

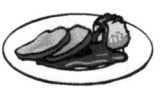

основно ястие

huvudrätt

десерт

dessert

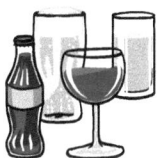

напитки

drycker

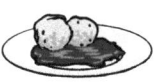

ядене

mat

бутилка

flaska

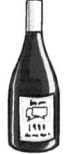

бързо хранене

snabbmat

улична храна

street food

кана за чай

tekanna

кутия за захар

sockerskål

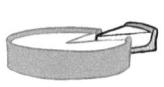

порция

portion

еспресо машина

espressomaskin

висок детски стол

barnstol

сметка

räkning

табла

bricka

ножица за нокти

kniv

вилица

gaffel

лъжица

sked

чаена лъжичка

tesked

салфетка

servett

стъклена чаша

glas

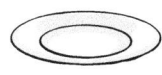

чиния

tallrik

чиния за супа

sopptallrik

чинийка

tefat

сос

sås

солница

saltkar

мелничка за черен пипер

pepparkvarn

оцет

vinäger

олио

olja

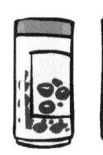

подправки

kryddor

кетчуп

ketchup

горчица

senap

майонеза

majonnäs

супермаркет
stormarknad

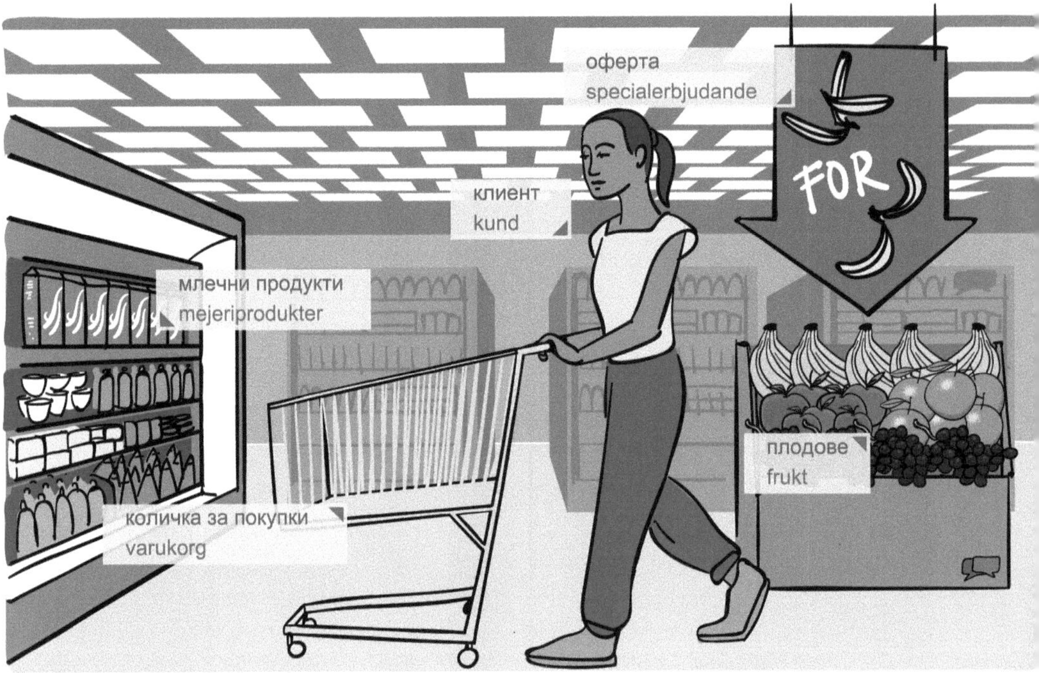

оферта
specialerbjudande

клиент
kund

млечни продукти
mejeriprodukter

плодове
frukt

количка за покупки
varukorg

FOR

кланица
charkuteri

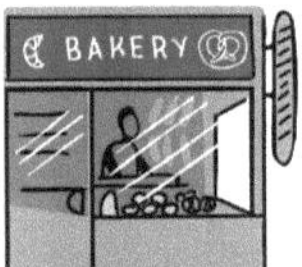

хлебарница
bageri

тегля
väga

зеленчуци
grönsaker

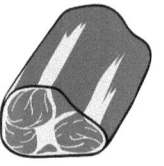

месо
kött

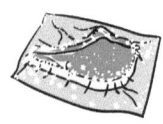

дълбоко замразена храна
frysta livsmedel

нарязан колбас или
сирене
pålägg

консерви
konserver

перилен препарат
tvättmedel

лакомства
godis

домакински изделия
hushållsprodukter

почистващи препарати
rengöringsmedel

продавачка
försäljare

каса
kassa

касиер
kassör

списък на покупките
inköpslista

работно време
öppettider

портфейл
plånbok

кредитна карта
kreditkort

чанта
väska

пластмасова торба
plastpåse

супермаркет - stormarknad

21

вода

vatten

сок

juice

мляко

mjölk

кола

cola

вино

vin

бира

öl

алкохол

alkohol

какао

kakao

чай

te

кафе машина

kaffe

еспресо

espresso

капучино

cappuccino

банан

banan

ябълка

äpple

портокал

apelsin

пъпеш

melon

лимон

citron

морков

morot

чесън

vitlök

бамбук

bambu

лук

lök

гъба

svamp

ядки

nötter

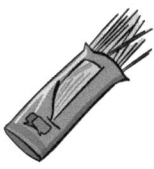

макарони

nudlar

спагети

spaghetti

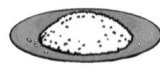

ориз

ris

салата

sallad

пържени картофи

pommes frites

печени картофи

stekt potatis

пица

pizza

хамбургер

hamburgare

сандвич

smörgås

шницел

schnitzel

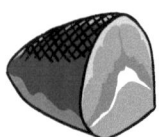

шунка

skinka

траен колбас

salami

салам

korv

пиле

kyckling

печено

stek

риба

fisk

овесени ядки

havregryn

мюсли

müsli

корнфлейкс

cornflakes

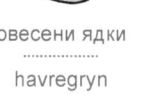

брашно

mjöl

кроасан

croissant

хлебчета

fralla

хляб

bröd

препечена филийка

rostat bröd

бисквити

kex

масло

smör

извара

kvarg

сладкиш

kaka

яйце

ägg

яйца на очи

stekt ägg

сирене

ost

сладолед

glass

захар

socker

мед

honung

мармалад

sylt

нуга крем

nougatkräm

къри

curry

селски двор
bondgård

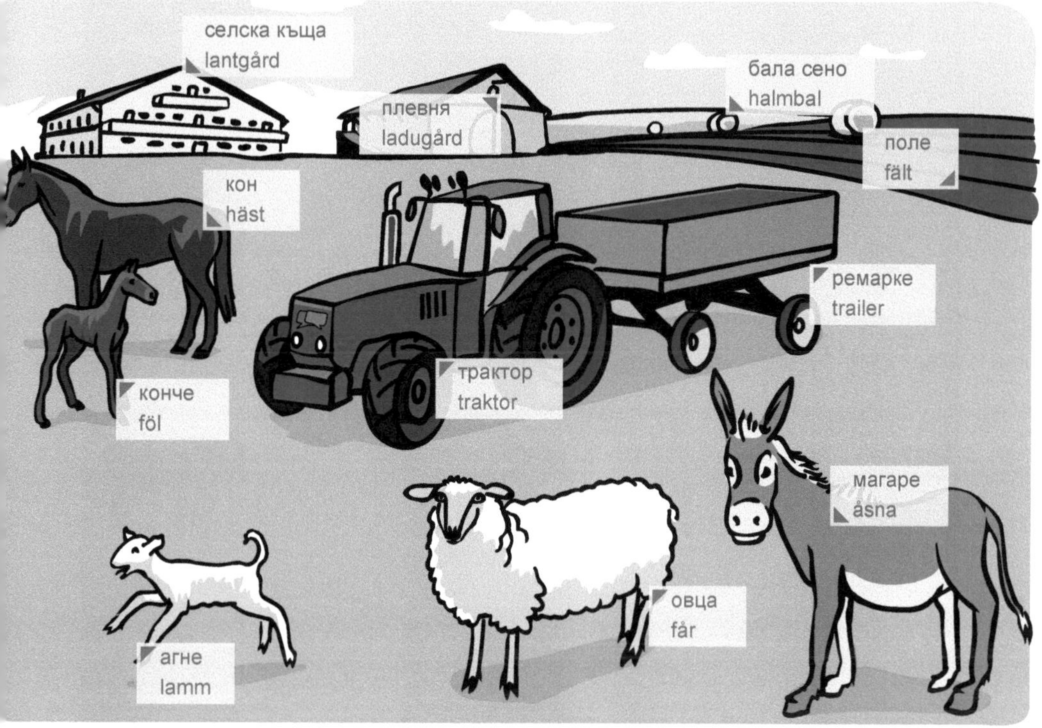

селска къща
lantgård
бала сено
halmbal
плевня
ladugård
поле
fält
кон
häst
ремарке
trailer
трактор
traktor
конче
föl
магаре
åsna
овца
får
агне
lamm

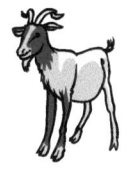

коза

get

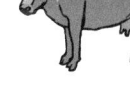

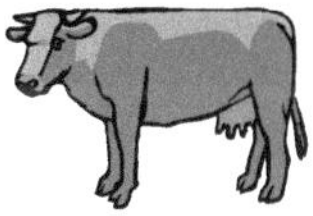

крава

ko

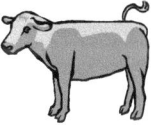

теле

kalv

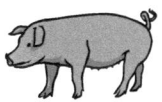

свиня

gris

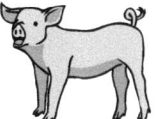

прасенце

griskulting

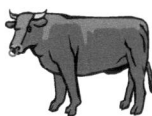

бик

tjur

гъска

gås

патица

anka

пиленце

kyckling

кокошка

höna

петел

tupp

плъх

råtta

котка

katt

мишка

mus

вол

oxe

куче

hund

кучешка колиба

hundkoja

градински маркуч

trädgårdsslang

лейка

vattenkanna

коса

lie

плуг

plog

сърп

skära

мотика

hacka

вила за тор

högaffel

брадва

yxa

ръчна количка

skottkärra

корито

tråg

съд за мляко

mjölkflaska

чувал

säck

ограда

staket

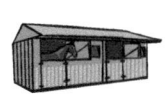

обор

stall

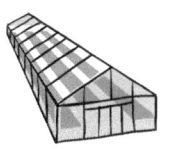

парник

växthus

земя

jord

сеитба

säd

тор

gödsel

комбайн

skördetröska

селски двор - bondgård

жъна

skörda

реколта

skörd

ямс

jams

жито

vete

соя

soja

картоф

potatis

царевица

majs

рапица

raps

овощно дърво

fruktträd

маниока

maniok

зърнени храни

spannmål

къща
hus

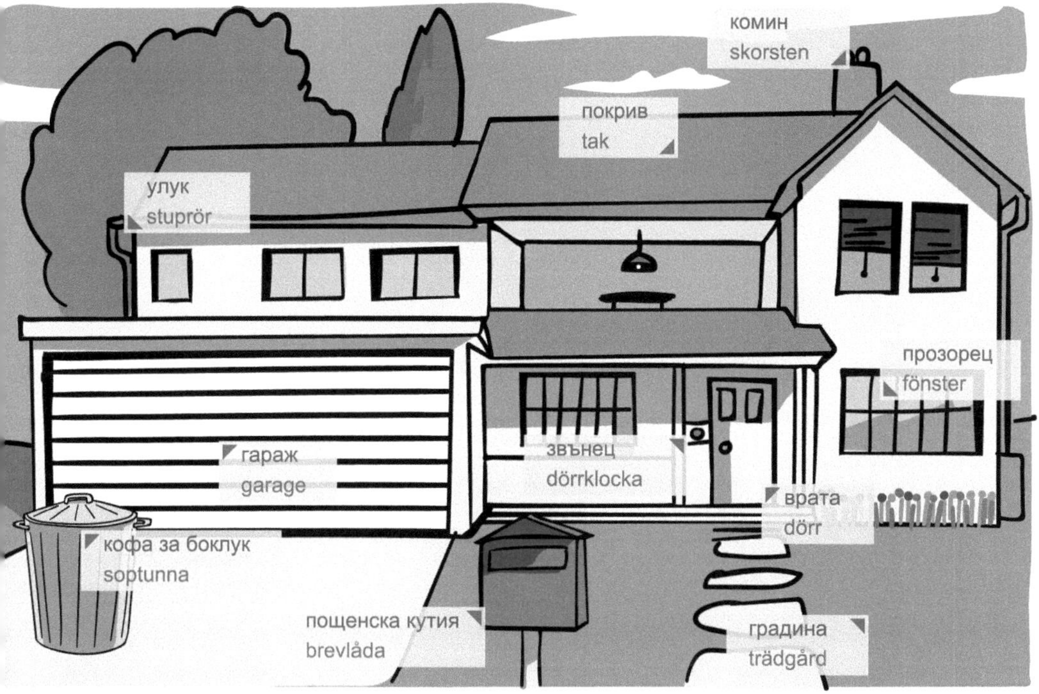

комин
skorsten
покрив
tak
улук
stuprör
прозорец
fönster
гараж
garage
звънец
dörrklocka
врата
dörr
кофа за боклук
soptunna
пощенска кутия
brevlåda
градина
trädgård

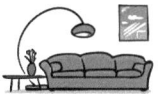

всекидневна

vardagsrum

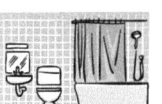

баня

badrum

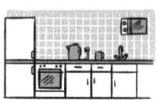

кухня

kök

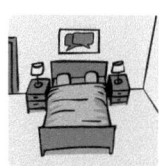

спалня

sovrum

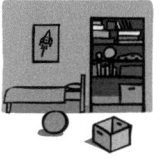

детска стая

barnrum

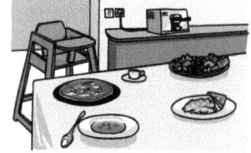

трапезария

matsal

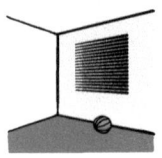

под
....
golv

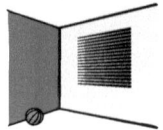

стена
....
vägg

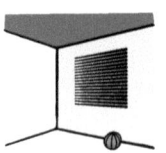

таван
....
tak

изба
....
källare

сауна
....
bastu

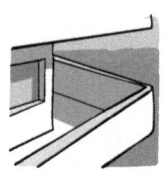

балкон
....
balkong

тераса
....
terrass

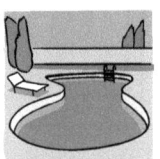

плувен басейн
....
bassäng

косачка
....
gräsklippare

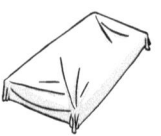

спално бельо
....
lakan

покривка за легло
....
överkast

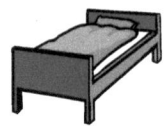

легло
....
säng

метла
....
kvast

кофа
....
hink

електрически ключ
....
strömbrytare

всекидневна

vardagsrum

тапет
tapet
картина
bild
лампа
lampa
рафт
hylla
шкаф
skåp
телевизор
TV
камина
eldstad
цвете
blomma
възглавница
kudde
канапе
soffa
ваза
vas
дистанционно управление
fjärrkontroll

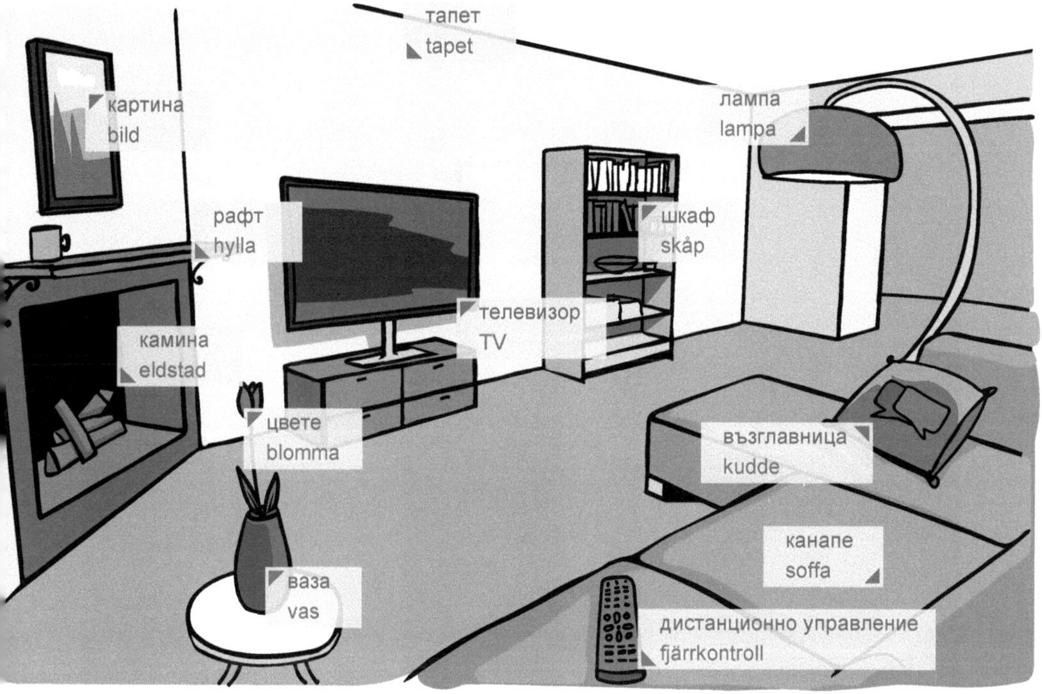

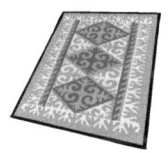

килим

matta

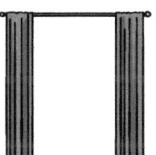

завеса

gardin

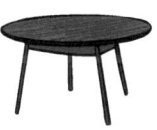

маса

bord

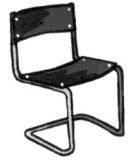

стол

stol

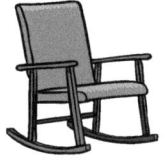

люлеещ се стол

gungstol

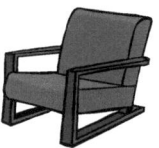

кресло

fåtölj

книга

bok

одеяло

filt

декорация

dekoration

дърва за отопление

vedträ

филм

film

стерео уредба

stereoanläggning

ключ

nyckel

вестник

dagstidning

живопис

målning

постер

poster

радио

radio

бележник

anteckningsbok

прахосмукачка

dammsugare

кактус

kaktus

свещ

stearinljus

кухня
kök

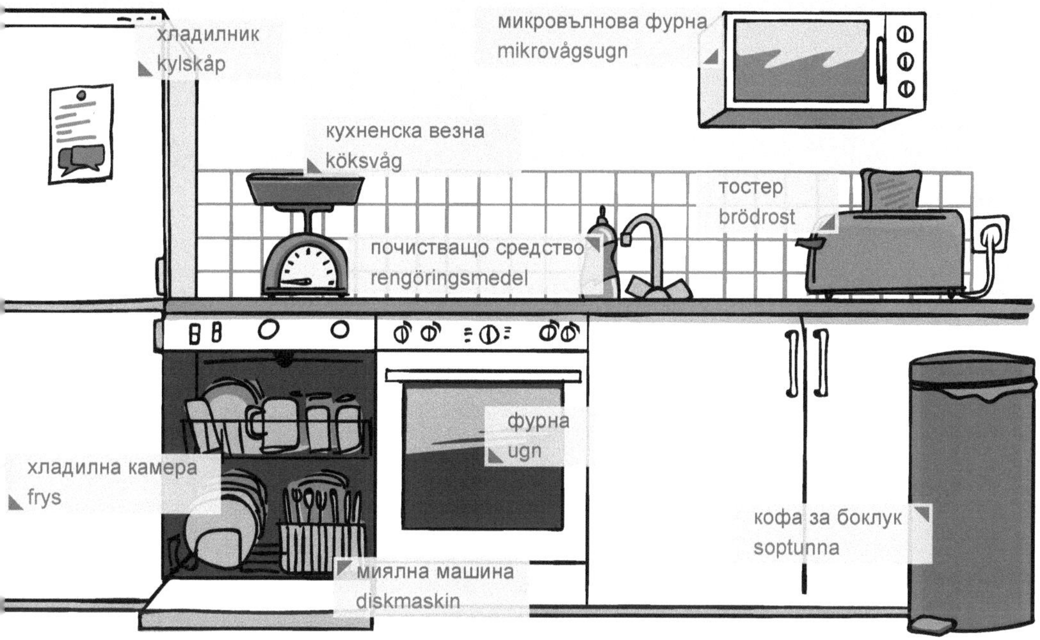
хладилник
kylskåp
микровълнова фурна
mikrovågsugn
кухненска везна
köksvåg
тостер
brödrost
почистващо средство
rengöringsmedel
фурна
ugn
хладилна камера
frys
кофа за боклук
soptunna
миялна машина
diskmaskin

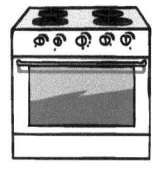

готварска печка
....
spis

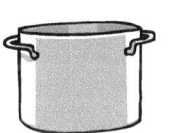

тенджера
....
kastrull

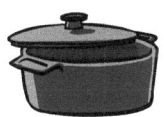

желязна тенджера
....
järngryta

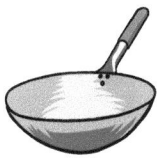

уок / кадаи
....
wok / kadai

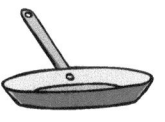

тиган
....
stekpanna

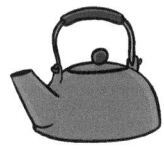

кана за затопляне на вода
....
vattenkokare

уред за готвене на пара

ångkokare

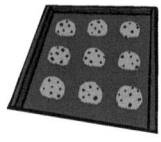

тава за печене

bakplåt

съдове

porslin

чаша

mugg

купа

skål

клечки за хранене

ätpinnar

черпак

soppslev

лопатка за тиган

stekspade

тел за разбиване (на яйца, белтъци)

visp

кошница за варене

durkslag

гевгир

sil

ренде

rivjärn

хаван

mortel

барбекю

grill

огнище

brasa

дъска

skärbräda

точилка

kavel

тирбушон

korkskruv

кутия

burk

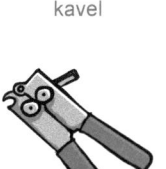

отварачка за консерви

burköppnare

кухненска ръкохватка

grytlapp

мивка

vask

четка

borste

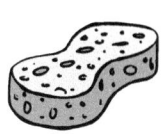

гъба

svamp

миксер

mixer

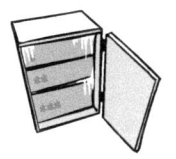

фризер

frys

бебешко шише

nappflaska

воден кран

kran

баня

badrum

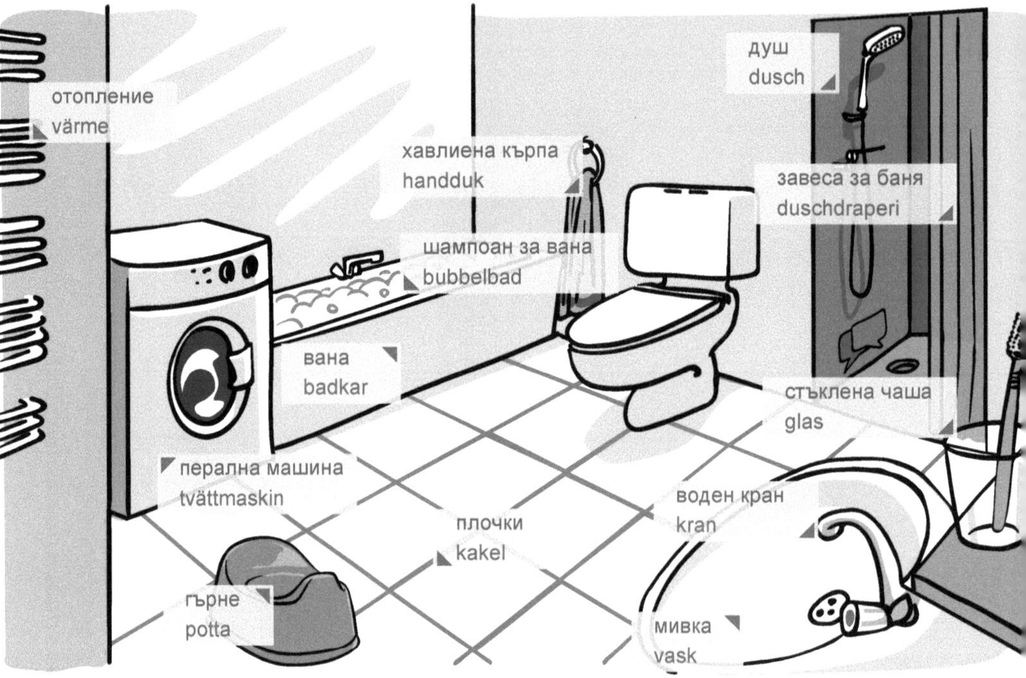

отопление
värme
душ
dusch
хавлиена кърпа
handduk
завеса за баня
duschdraperi
шампоан за вана
bubbelbad
вана
badkar
стъклена чаша
glas
перална машина
tvättmaskin
воден кран
kran
плочки
kakel
гърне
potta
мивка
vask

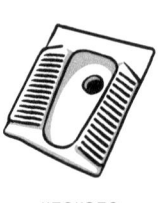

тоалетна

toalett

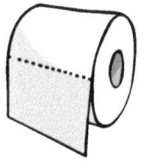

клекало

låg toalett

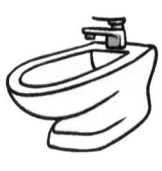

биде

bidet

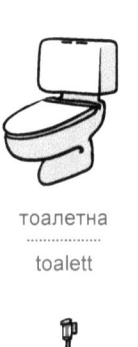

писоар

pissoar

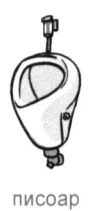

тоалетна хартия

toalettpapper

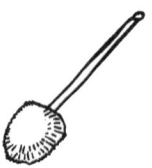

четка за тоалетна

toalettborste

четка за зъби

tandborste

паста за зъби

tandkräm

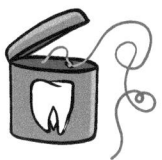

конец за зъби

tandtråd

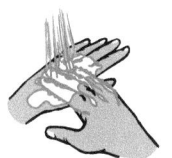

мия

tvätta

ръчен душ

handdusch

интимен душ

intimdusch

леген

handfat

четка за гръб

ryggborste

сапун

tvål

душ гел

duschgel

шампоан за вана

schampo

гъба за баня

trasa

сифон

avlopp

крем

crème

дезодорант

deodorant

огледало

spegel

козметично огледало

handspegel

ръчна самобръсначка

rakhyvel

пяна за бръснене

raklödder

одеколон за след
бръснене
rakvatten

гребен

kam

четка

borste

сешоар

hårtork

спрей за коса

hårspray

грим

smink

червило

läppstift

лак за нокти

nagellack

памук

bomullsvadd

ножица за нокти

nagelsax

парфюм

parfym

тоалетна чантичка

necessär

табуретка

pall

везна

våg

хавлия

badrock

домакински ръкавици

gummihandskar

тампон

tampong

дамски превръзки

binda

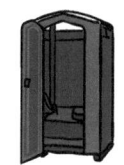

химическа тоалетна

kemisk toalett

детска стая
barnrum

будилник
väckarklocka
плюшена играчка
gosedjur
автомобил играчка
leksaksbil
дрънкалка
skallra
къща за кукли
dockhus
подарък
present

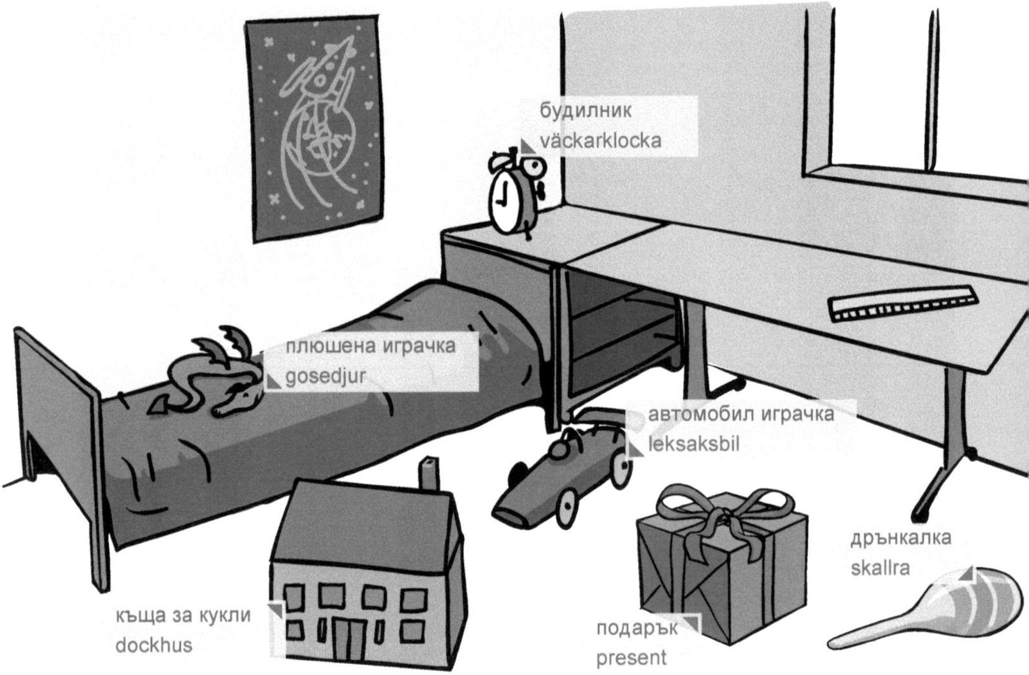

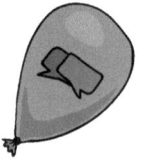

балон
ballong

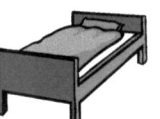

легло
säng

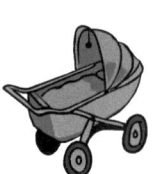

детска количка
barnvagn

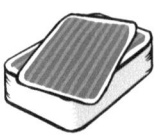

игра на карти
kortlek

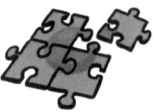

пъзел
pussel

комикс
serietidning

лего елементи

legobitar

строителни елементи

klossar

екшън фигурка

actionfigur

бебешки гащеризон

sparkdräkt

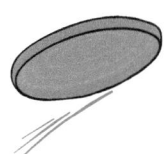

фрисби

frisbee

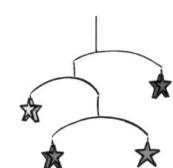

бебешки играчки за легло

mobil

настолна игра

brädspel

зарче

tärning

миниатюрно влакче

modelljärnväg

биберон

napp

парти

party

детска книга с илюстрации

bilderbok

топка

boll

кукла

docka

играя

spela

пясъчник

sandlåda

люлка

gunga

играчка

leksaker

игрова конзола

spelkonsol

велосипед с три колелета

trehjuling

плюшено мече

nalle

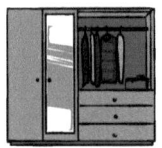

гардероб

garderob

облекло
kläder

къси чорапи

sockar

дълги чорапи

strumpor

чорапогащник

tights

шал
halsduk

чадър
paraply

колан
bälte

Т-шърт
t-shirt

ботуши
stövlar

пантофи
tofflor

гуменки
sneakers

сандали
....
sandaler

обувки
....
skor

гумени ботуши
....
gummistövlar

слип
....
underbyxor

сутиен
....
BH

долна блуза
....
linne

облекло - kläder

45

боди
body

панталон
byxor

дънки
jeans

пола
kjol

блуза
blus

риза
skjorta

пуловер
pullover

суичър
sweater

блейзър
blazer

яке
jacka

палто
kappa

дъждобран
regnjacka

костюм
dräkt

рокля
klänning

булчинска рокля
bröllopsklänning

костюм

kostym

нощница

nattlinne

пижама

pyjamas

сари

sari

кърпа за глава

slöja

тюрбан

turban

бурка

burka

кафтан

kaftan

абая

abaya

бански костюм

baddräkt

плувни шорти

badbyxor

къс панталон

shorts

анцуг

träningsoverall

престилка

förkläde

ръкавици

handskar

копче

knapp

очила

glasögon

гривна

armband

верижка

halsband

пръстен

ring

обеца

örhänge

каскет

mössa

закачалка

galge

шапка

hatt

вратовръзка

slips

цип

dragkedja

каска

hjälm

тиранти

hängslen

ученическа униформа

skoluniform

униформа

uniform

лигавник

haklapp

биберон

napp

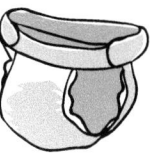

пелена

blöja

сървър
server

шкаф за документи
dokumentskåp

принтер
skrivare

монитор
bildskärm

хартия
papper

мишка
mus

бюро
skrivbord

папка
mapp

клавиатура
tangentbord

кошче за хартиени отпадъци
papperskorg

стол
stol

компютър
dator

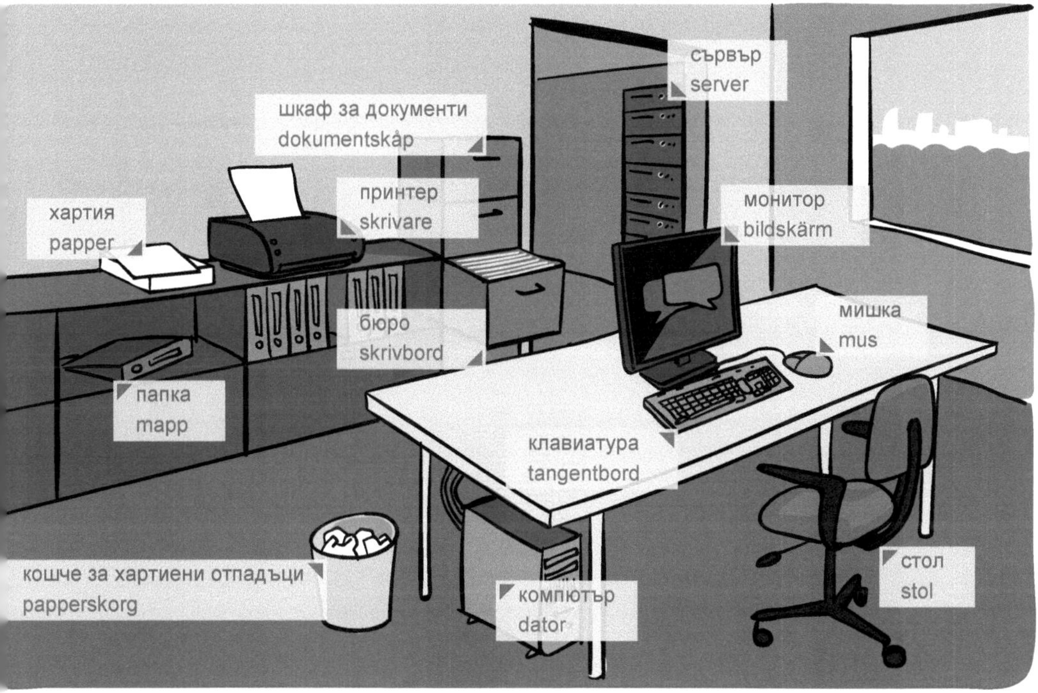

чаша за кафе

kaffemugg

джобен калкулатор

miniräknare

интернет

internet

офис - kontor

лаптоп

bärbar dator

писмо

brev

съобщение

meddelande

мобилен телефон

mobiltelefon

мрежа

nätverk

ксерокс

kopieringsapparat

софтуер

programvara

телефон

telefon

контакт

vägguttag

факс

fax

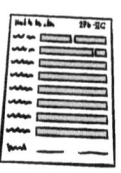

формуляр

blankett

документ

dokument

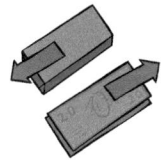

купувам

köpa

плащам

betala

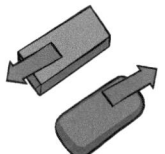

търгувам

handla

пари

pengar

долар

dollar

евро

euro

йена

yen

рубла

rubel

швейцарски франк

schweizisk franc

ренминби юан

renminbi yan

рупия

rupie

банкомат

bankomat

обменно бюро

växelkontor

злато

guld

сребро

silver

нефт

olja

енергия

energi

цена

pris

договор

kontrakt

данък

skatt

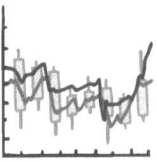

акция

aktie

работя

arbeta

служител

anställd

работодател

arbetsgivare

фабрика

fabrik

магазин за цветя

affär

полицай
polis

пожарникар
brandman

готвач
kock

лекар
läkare

пилот
pilot

градинар

trädgårdsmästare

мебелист

snickare

шивачка

sömmerska

съдия

domare

химик

kemist

артист

skådespelare

шофьор на автобус

busschaufför

шофьор на такси

taxichaufför

рибар

fiskare

чистачка

städerska

майстор на покриви

takläggare

келнер

servitör

ловец

jägare

художник

målare

хлебар

bagare

електротехник

elektriker

строителен работник

byggarbetare

инженер

ingenjör

касапин

slaktare

тенекеджия

rörmokare

пощальон

brevbärare

войник

soldat

архитект

arkitekt

касиер

kassör

цветар

florist

фризьор

frisör

кондуктор

konduktör

механик

mekaniker

капитан

kapten

зъболекар

tandläkare

научен работник

vetenskapsman

равин

rabbin

имàм

imam

монах

munk

свещеник

präst

инструменти
verktyg

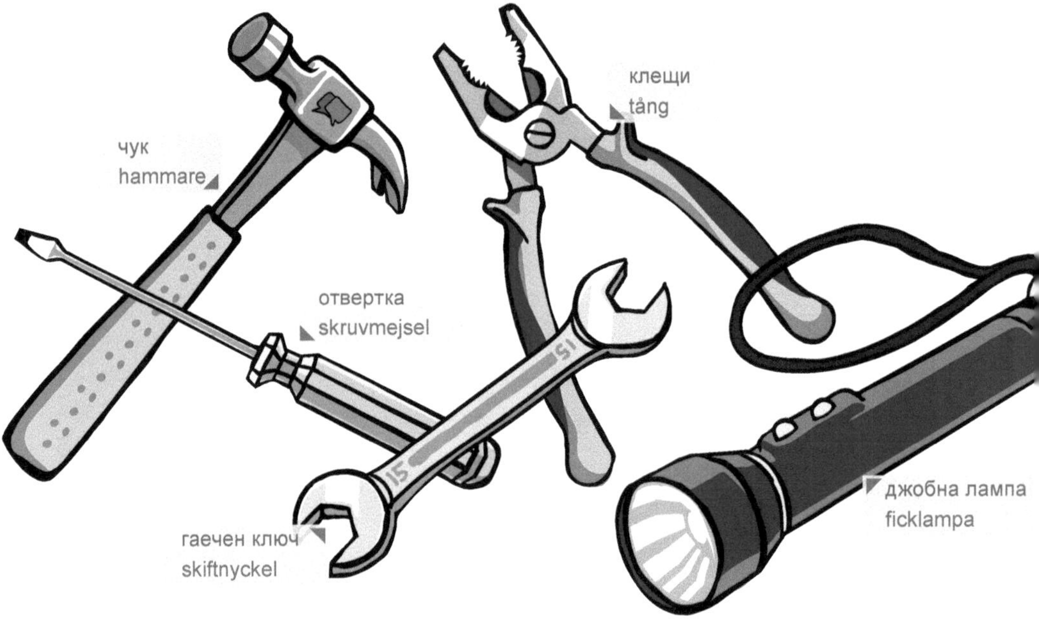
клещи
tång
чук
hammare
отвертка
skruvmejsel
джобна лампа
ficklampa
гаечен ключ
skiftnyckel

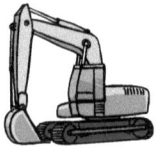

багер

grävmaskin

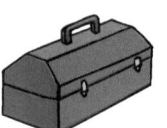

кутия за инструменти

verktygslåda

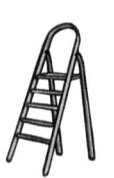

стълба

stege

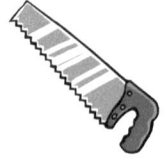

трион

såg

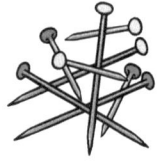

пирони

spik

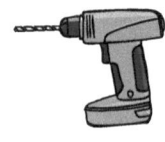

бормашина

borr

ремонтирам

reparera

лопата

spade

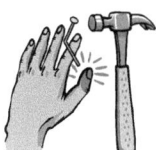

По дяволите!

Helvete!

лопатка за смет

sopskyffel

кутия за боя

färgburk

болтове

skruvar

музикални инструменти
musikinstrument

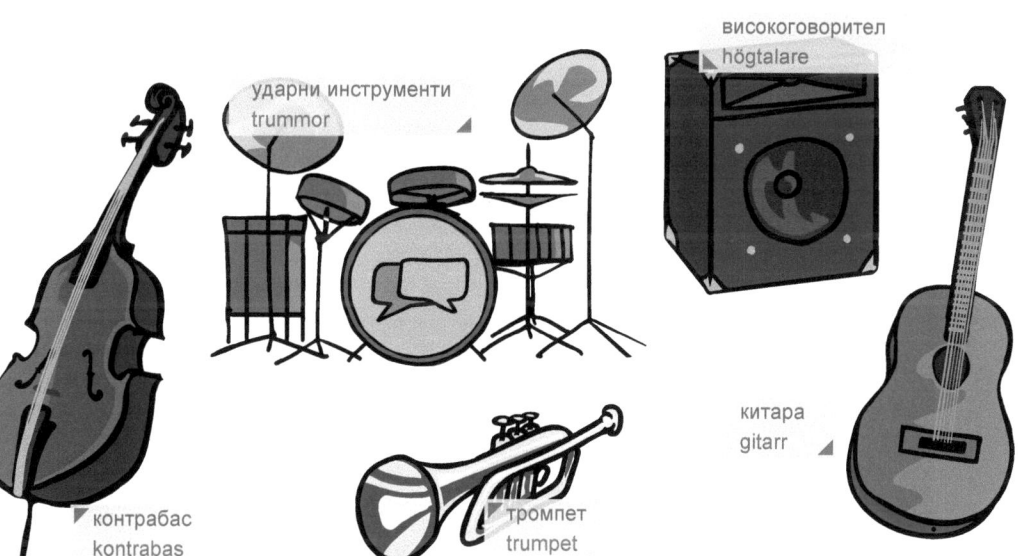

ударни инструменти
trummor

високоговорител
högtalare

китара
gitarr

контрабас
kontrabas

тромпет
trumpet

пиано

piano

виолина

violin

контрабас

bas

тимпан

timpani

барабан

trumma

електрическо пиано

keyboard

саксофон

saxofon

флейта

flöjt

микрофон

mikrofon

зоологическа градина

zoo

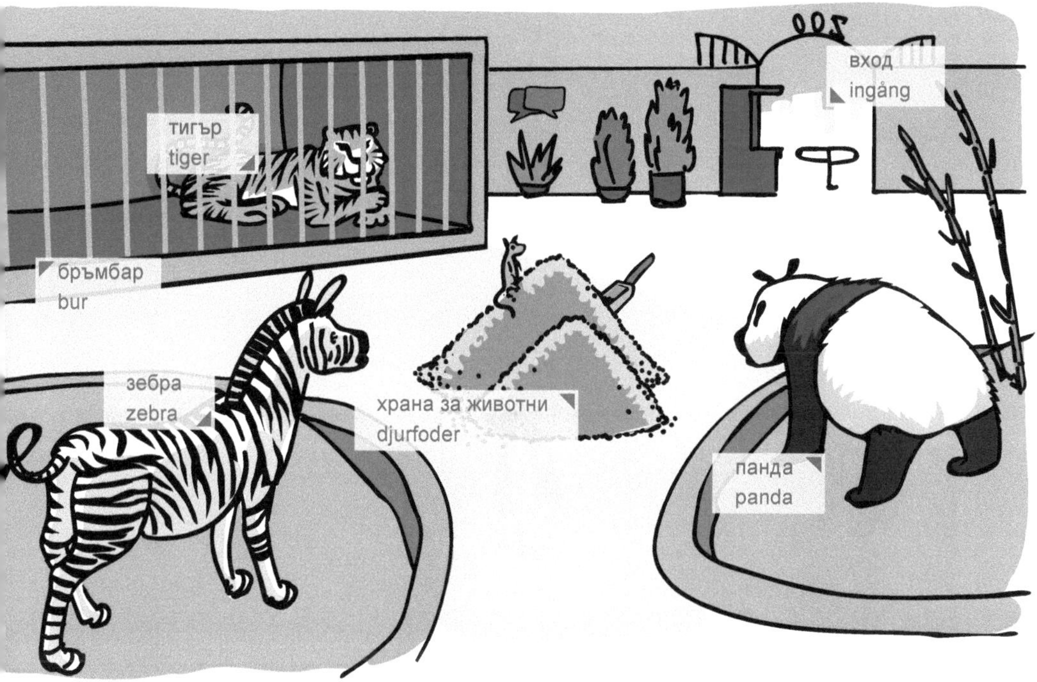

zoo
вход
ingång
тигър
tiger
бръмбар
bur
зебра
zebra
храна за животни
djurfoder
панда
panda

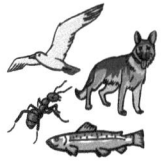

животни

djur

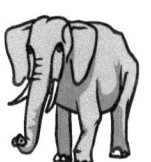

слон

elefant

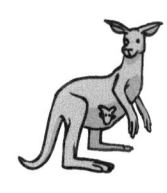

кенгуру

känguru

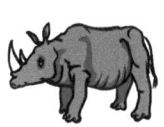

носорог

noshörning

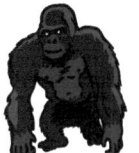

горила

gorilla

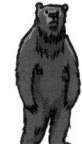

мечка

björn

камила

kamel

щраус

struts

лъв

lejon

маймуна

apa

фламинго

flamingo

папагал

papegoja

бяла мечка

isbjörn

пингвин

pingvin

акула

haj

паун

påfågel

змия

orm

крокодил

krokodil

пазач в зоологическа
градина

djurskötare

тюлен

säl

ягуар

jaguar

пони

ponny

леопард

leopard

хипопотам

flodhäst

жираф

giraff

орел

örn

диво прасе

vildsvin

риба

fisk

костенурка

sköldpadda

морж

valross

лисица

räv

газела

gazell

американски футбол
amerikansk fotboll

колоездене
cykling

тенис
tennis

баскетбол
basket

плуване
simning

бокс
boxning

хокей на лед
ishockey

футбол
fotboll

бадминтон
badminton

лека атлетика
friidrott

хандбал
handboll

ски бягане
skidåkning

поло
polo

дейности
aktiviteter

смея се
skratta
скачам
hoppa
прегръщам
krama
вървя
gå
пея
sjunga
сънувам
drömma
моля се
be
целувам
kyssa

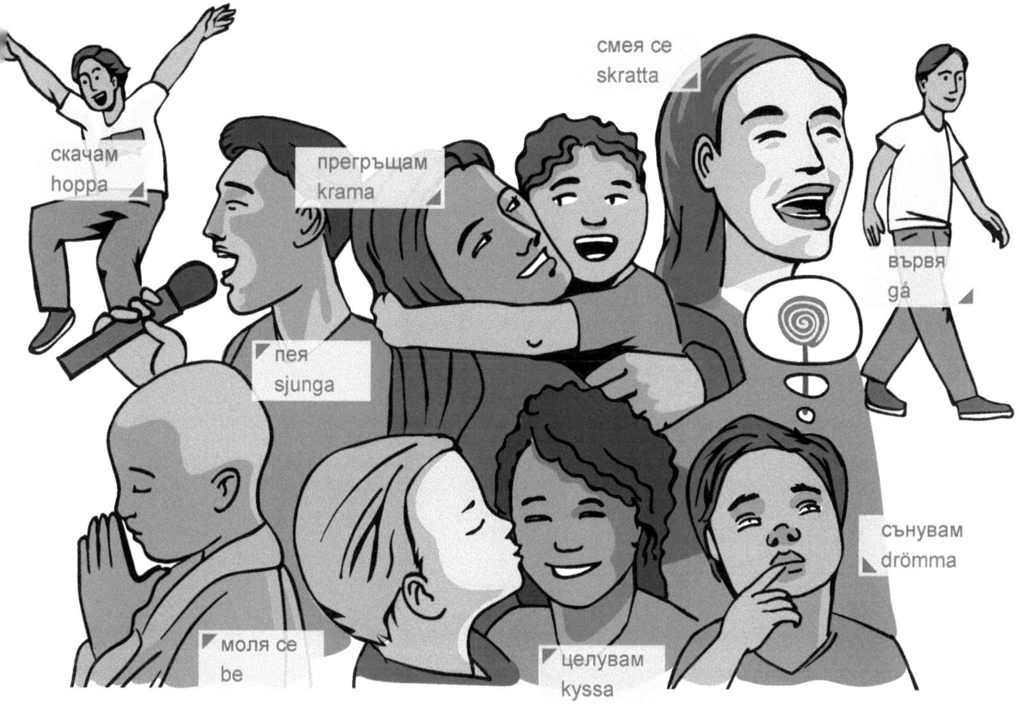

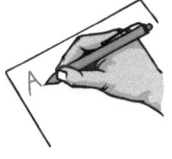

пиша
skriva

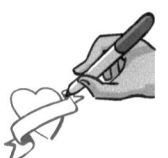

рисувам
rita

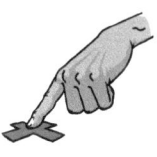

показвам
visa

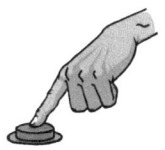

бутам
skjuta

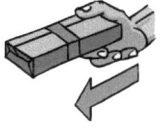

давам
ge

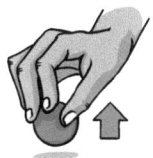

взимам
ta

имам

hagel

правя

göra

съм

vara

стоя

stå

тичам

springa

дърпам

dra

хвърлям

kasta

падам

falla

лежа

ligga

чакам

vänta

нося

bära

седя

sitta

обличам

klä på

спя

sova

събуждам се

vakna

разглеждам
se på

плача
gråta

милвам
smeka

реша се
kamma

говоря
prata

разбирам
förstå

питам
fråga

слушам
höra

пия
dricka

ям
äta

разтребвам
städa

обичам
älska

готвя
laga mat

карам автомобил
köra

летя
flyga

дейности - aktiviteter

плавам (с платна)

segla

смятане

räkna

чета

läsa

уча

lära sig

работя

arbeta

женя се

gifta sig

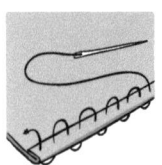

шия

sy

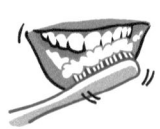

измивам си зъбите

borsta tänderna

убивам

döda

пуша

röka

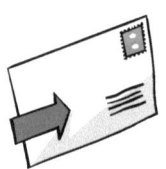

изпращам

skicka

семейство
familj

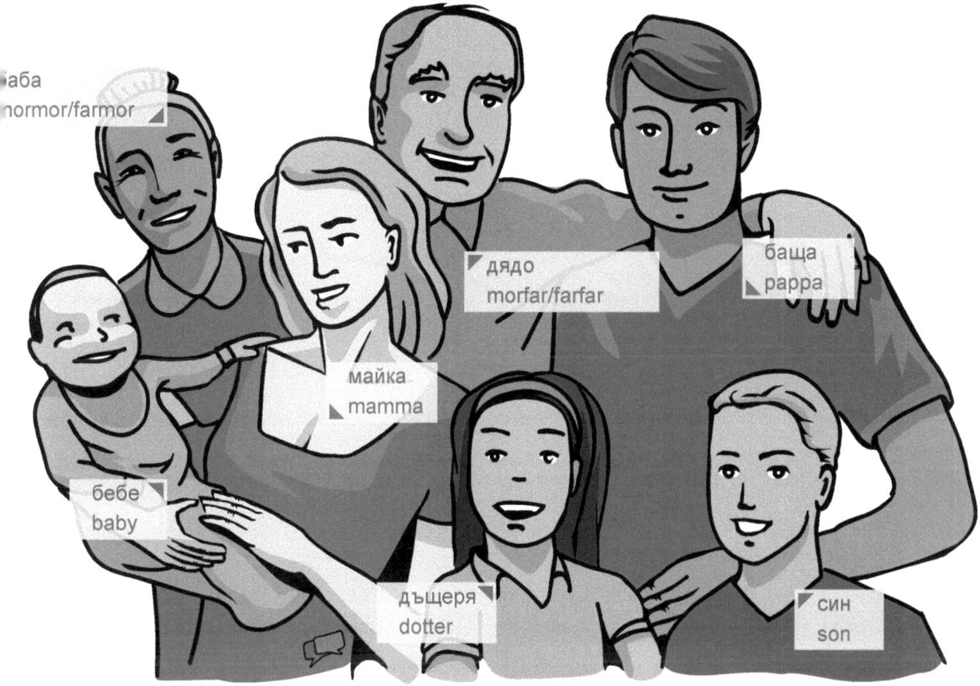

баба
mormor/farmor
дядо
morfar/farfar
баща
pappa
майка
mamma
бебе
baby
дъщеря
dotter
син
son

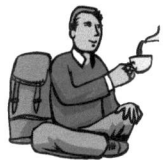

посетител

gäst

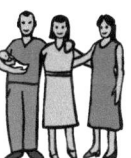

леля

moster/faster

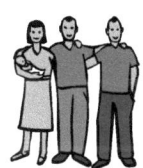

чичо

farbror/morbror

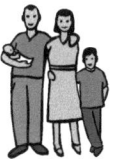

брат

bror

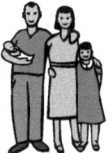

сестра

syster

тяло

kropp

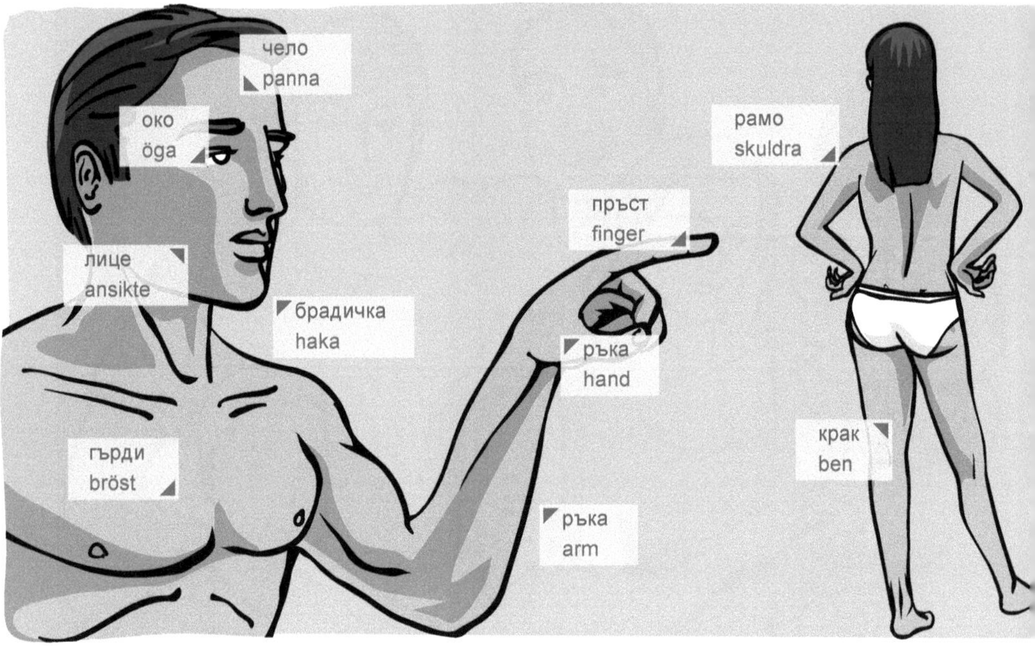

чело
panna
око
öga
рамо
skuldra
пръст
finger
лице
ansikte
брадичка
haka
ръка
hand
крак
ben
гърди
bröst
ръка
arm

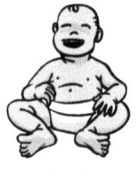

бебе

baby

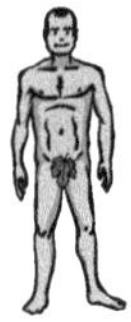

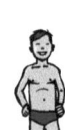

мъж

man

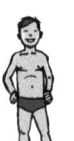

жена

kvinna

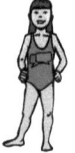

момиче

flicka

момче

pojke

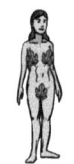

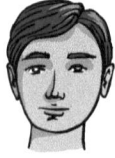

глава

huvud

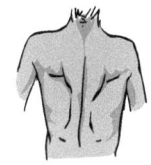

гръб

rygg

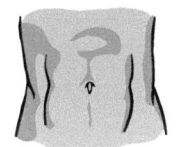

корем

mage

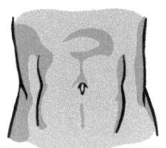

пъп

navel

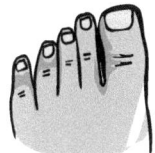

пръст на крака

tå

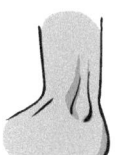

пета

häl

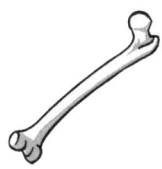

кост

ben

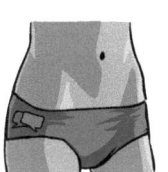

хълбок

höft

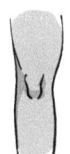

коляно

knä

лакът

armbåge

нос

näsa

седалище

stjärt

кожа

hud

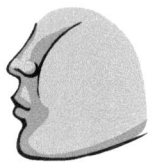

буза

kind

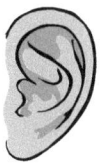

ухо

öra

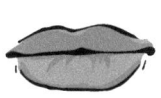

устна

läpp

уста

mun

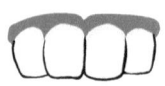

зъб

tand

език

tunga

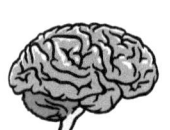

мозък

hjärna

сърце

hjärta

мускул

muskel

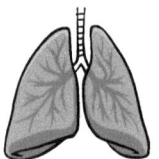

бял дроб

lunga

черен дроб

lever

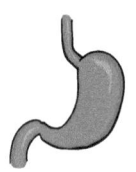

стомах

magsäck

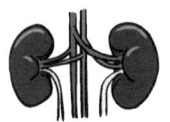

бъбреци

njurar

полово сношение

sex

кондом

kondom

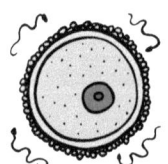

яйцеклетка

äggcell

сперма

sperma

бременност

graviditet

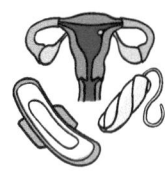

менструация

menstruation

вагина

vagina

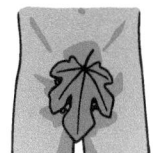

пенис

penis

вежда

ögonbryn

коса

hår

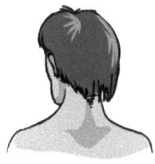

шия

nacke

болница
sjukhus

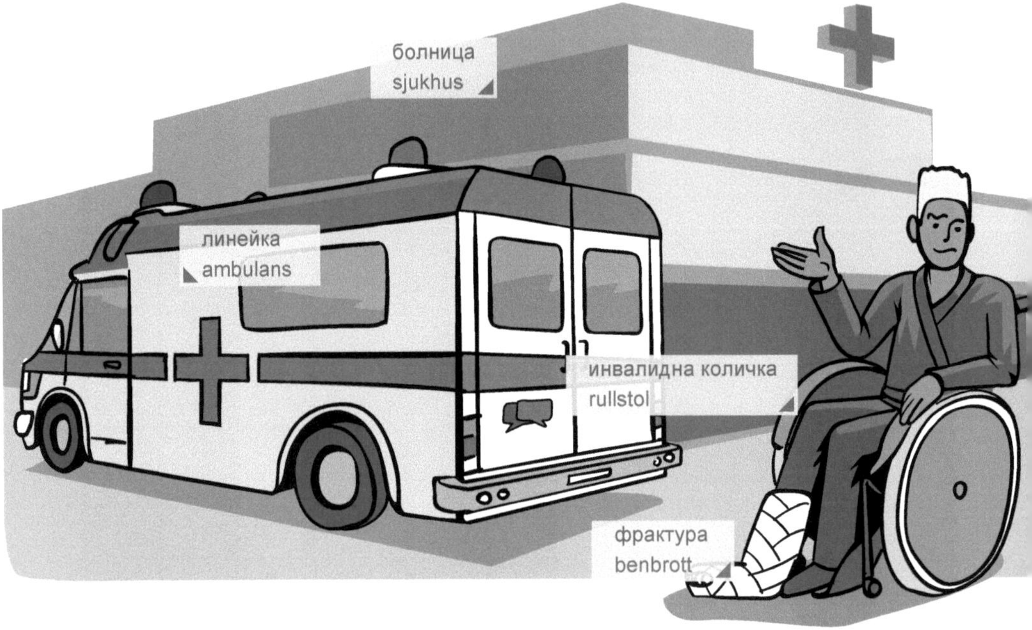

болница
sjukhus
линейка
ambulans
инвалидна количка
rullstol
фрактура
benbrott

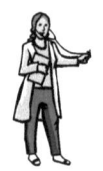

лекар

läkare

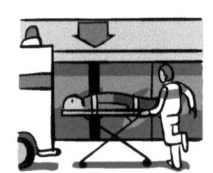

спешна хоспитализация

akutmottagning

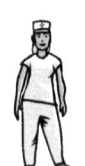

медицинска сестра

sjuksköterska

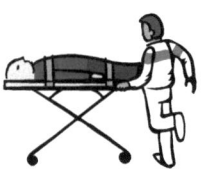

спешен случай

nödsituation

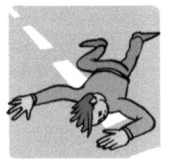

в безсъзнание

medvetslös

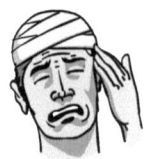

болка

smärta

нараняване

skada

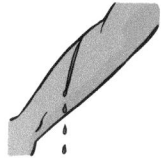

кървене

blödning

инфаркт

hjärtattack

инсулт

slaganfall

алергия

allergi

кашлица

hosta

температура

feber

грип

influensa

диария

diarré

главоболие

huvudvärk

рак

cancer

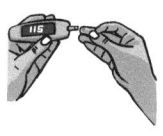

диабет

diabetes

хирург

kirurg

скалпел

skalpell

операция

operation

компютърна томография

CT

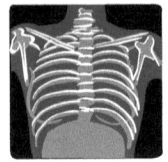

рентген

röntgen

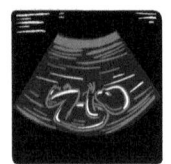

ултразвук

ultraljud

маска

ansiktsmask

болест

sjukdom

чакалня

väntsal

патерица

krycka

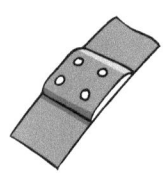

пластир

plåster

превръзка

bandage

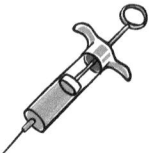

инжекция

injektion

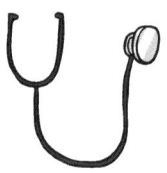

стетоскоп

stetoskop

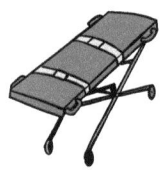

носилка

bår

термометър

termometer

раждане

födsel

наднормено тегло

övervikt

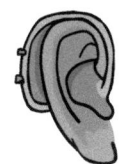

слухов апарат

hörapparat

дезинфекционно средство

desinfektionsmedel

инфекция

infektion

вирус

virus

HIV / AIDS

HIV / AIDS

медицина

medicin

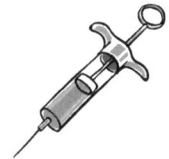

ваксинация

vaccination

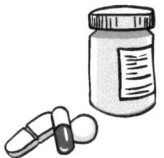

таблети

tabletter

противозачатъчна таблетка

p-piller

спешно телефонно обаждане

nödsamtal

апарат за измерване на кръвното налягане

blodtrycksmätare

болен / здрав

sjuk / frisk

болница - sjukhus

Помощ!

Hjälp!

сигнал за тревога

alarm

нападение

överfall

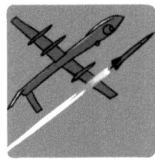

атака

misshandel

опасност

fara

аварien изход

nödutgång

Пожар!

Det brinner!

пожарогасител

brandsläckare

злополука

olycka

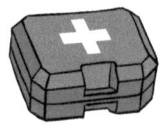

комплект за оказване на
първа помощ

förbandslåda

SOS

SOS

полиция

polis

Европа

Europa

Северна Америка

Nordamerika

Южна Америка

Sydamerika

Африка

Afrika

Азия

Asien

Австралия

Australien

Атлантически океан

Atlanten

Тихи океан

Stilla Havet

Индийски океан

Indiska Oceanen

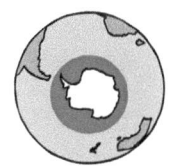

Южен ледовит океан

Antarktiska Oceanen

Северен ледовит океан

Arktiska Oceanen

Северен полюс

Nordpol

Южен полюс

Sydpol

Антарктида

Antarktis

Земя

Jorden

суша

land

море

hav

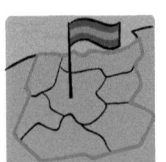

остров

ö

нация

nation

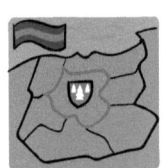

държава

stat

циферблат

urtavla

стрелка на часовете

timvisare

стрелка на минутите

minutvisare

стрелка на секундите

sekundvisare

Колко е часът?

Vad är klockan?

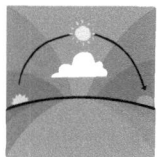

ден

dag

време

tid

сега

nu

дигитален часовник

digital klocka

минута

minut

час

timme

седмица
vecka

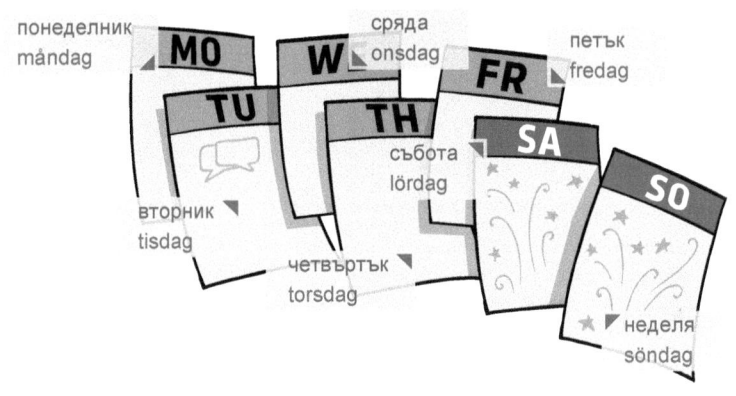

понеделник
måndag

сряда
onsdag

петък
fredag

вторник
tisdag

четвъртък
torsdag

събота
lördag

неделя
söndag

вчера
igår

днес
idag

утре
imorgon

сутрин
morgon

обед
middag

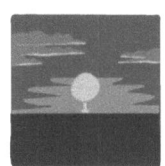

вечер
kväll

MO	TU	WE	TH	FR	SA	SU
1	2	3	4	5	6	7
8	9	10	11	12	13	14
15	16	17	18	19	20	21
22	23	24	25	26	27	28
29	30	31	1	2	3	4

работни дни
vardagar

MO	TU	WE	TH	FR	SA	SU
1	2	3	4	5	6	7
8	9	10	11	12	13	14
15	16	17	18	19	20	21
22	23	24	25	26	27	28
29	30	31	1	2	3	4

уикенд
helg

година
år

дъжд
regn
дъга
regnbåge
сняг
snö
вятър
vind
пролет
vår
есен
höst
лято
sommar
зима
vinter

4.APRIL 11°
5.APRIL 4°
6.APRIL 13°
7.APRIL 8°
8.APRIL 10°

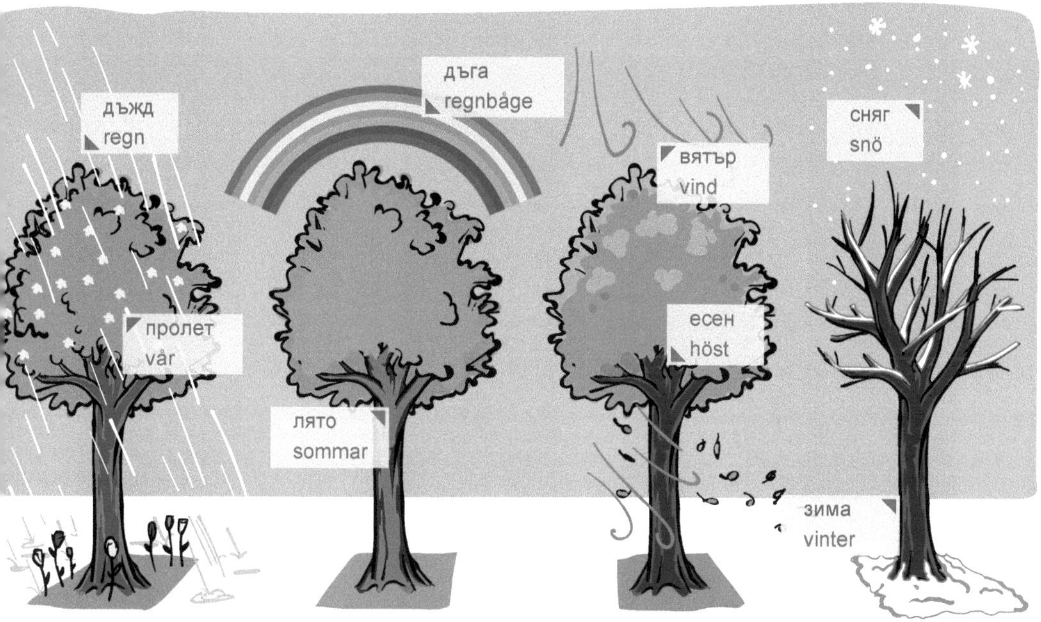

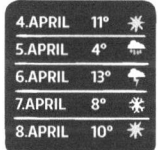

прогноза за времето

väderprognos

F C
120 40
90 30
60 20
30 10
0 0
-30 -10
-20

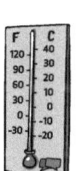

термометър

termometer

слънчева светлина

solsken

облак

moln

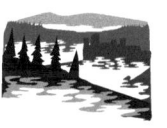

мъгла

dimma

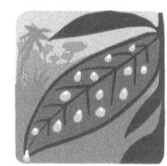

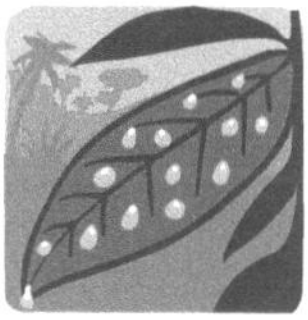

влажност на въздуха

luftfuktighet

светкавица

blixt

гръмотевица

åska

буря

storm

градушка

hagel

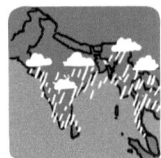

мусон

monsun

наводнение

översvämning

лед

is

януари

januari

февруари

februari

март

mars

април

april

май

maj

юни

juni

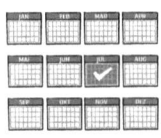

юли

juli

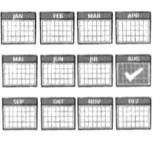

август

augusti

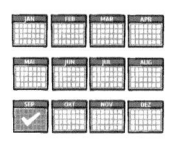

септември
....
september

октомври
....
oktober

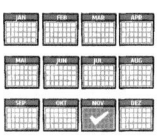

ноември
....
november

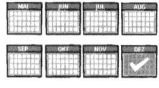

декември
....
december

кръг
....
cirkel

квадрат
....
kvadrat

четириъгълник
....
rektangel

триъгълник
....
triangel

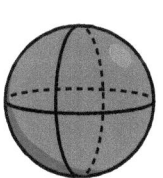

сфера
....
sfär

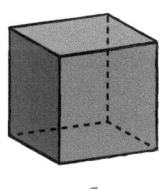

куб
....
kub

бял

vit

жълт

gul

оранжев

orange

розов

rosa

червен

röd

лилав

lila

син

blå

зелен

grön

кафяв

brun

сив

grå

черен

svart

много / малко

mycket / lite

ядосан / спокоен

arg / lugn

красив / грозен

vacker / ful

начало / край

början / slut

голям / малък

stor / liten

светъл / тъмен

ljus / mörk

брат / сестра

bror / syster

чист / мръсен

ren / smutsig

пълен / непълен

komplett / ofullständig

ден / нощ

dag / natt

мъртъв / жив

död / levande

широк / тесен

bred / smal

ядлив / неядлив

ätlig / oätlig

сърдит / любезен

ond / god

развълнуван / скучаещ

upphetsad / uttråkad

дебел / тънък

tjock / smal

най-напред / най-накрая

först / sist

приятел / враг

vän / fiende

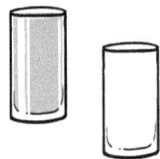

пълен / празен

full / tom

твърд / мек

hård / mjuk

тежък / лек

tung / lätt

глад / жажда

hunger / törst

болен / здрав

sjuk / frisk

нелегален / легален

olaglig / laglig

интелигентен / глупав

intelligent / dum

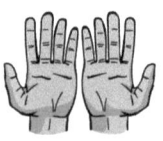

ляво / дясно

vänster / höger

близо / далече

nära / långt bort

нов / употребяван

ny / begagnad

нищо / нещо

inget / något

стар / млад

gammal / ung

вкл. / изкл.

på / av

отворен / затворен

öppen / stängd

тих / силен (звук)

tyst / högljudd

богат / беден

rik / fattig

правилен / погрешен

rätt / fel

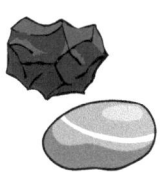

грапав / гладък

grov / slät

тъжен / щастлив

ledsen / glad

дълъг / къс

kort / lång

бавен / бърз

långsam / snabb

мокър / сух

våt / torr

топъл / студен

varm / sval

война / мир

krig / fred

0	**1**	**2**
нула	едно	две
noll	ett	två
3	**4**	**5**
три	четири	пет
tre	fyra	fem
6	**7**	**8**
шест	седем	осем
sex	sju	åtta
9	**10**	**11**
девет	десет	единадесет
nio	tio	elva

12

дванадесет

tolv

13

тринадесет

tretton

14

четиринадесет

fjorton

15

петнадесет

femton

16

шестнадесет

sexton

17

седемнадесет

sjutton

18

осемнадесет

arton

19

деветнадесет

nitton

20

двадесет

tjugo

100

сто

hundra

1.000

хиляда

tusen

1.000.000

милион

miljon

числа - siffror

езици
språk

английски
engelska

американски английски
amerikansk engelska

китайски мандарин
kinesisk mandarin

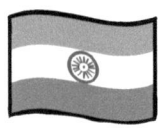

хинди
hindi

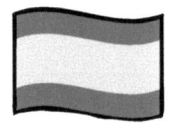

испански
spanska

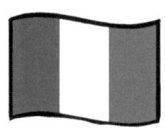

френски
franska

арабски
arabiska

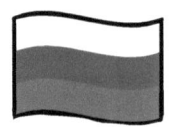

руски
ryska

португалски
portugisiska

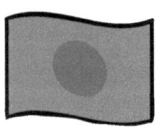

бенгалски
bengali

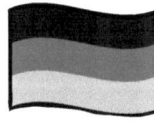

немски
tyska

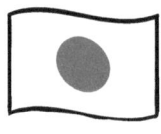

японски
japanska

аз

jag

ти

du

той / тя / то

han / hon / den (det)

ние

vi

вие

ni

те

de

кой?

vem?

какво?

vad?

как?

hur?

къде?

var?

кога?

när?

име

namn

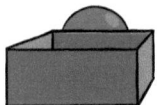

зад

bakom

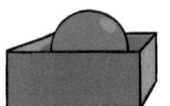

в

i

пред

framför

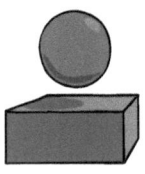

над

över

върху

på

под

under

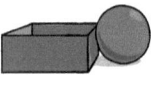

до

bredvid

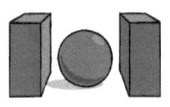

между

mellan

място

plats